Tiere
und ihre
Kinder

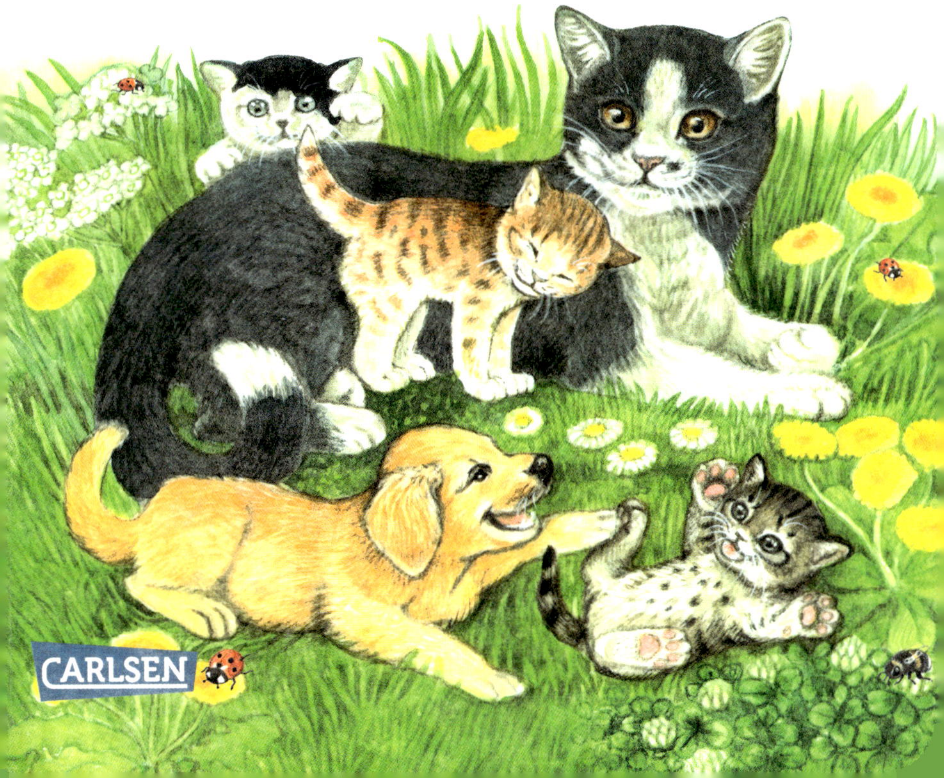

CARLSEN

Woher kommen die Tierkinder?

Wie Menschenkinder haben auch Tierkinder eine Mutter und einen Vater. Manche Tierbabys, zum Beispiel Schweine oder Katzen, wachsen im Bauch ihrer Mütter heran. Andere schlüpfen aus Eiern – wie die Küken von Hühnern und anderen Vögeln.

Die Hühnerküken schlüpfen alle gleichzeitig aus ihren Eiern – die schnellen Küken warten auf die langsamen!

Neugeborene **Kätzchen** sind bei der
Geburt noch blind und kuscheln sich
dicht an die Katzenmama, damit sie
es schön warm haben. Einige Wochen
später tollen sie schon mit ihren
Geschwistern herum.

Welche Tierkinder trinken Milch?

Bei vielen Tieren trinken die Kinder nach der Geburt Milch von ihren Müttern. Diese Tiere heißen Säugetiere, denn die Jungen saugen die Milch aus den Zitzen der Mutter.

Am Anfang werden Igelbabys im Nest von ihrer Mutter gesäugt. Ihre Stacheln sind dann noch ganz weich.

Sobald die Tierkinder etwas älter sind, beginnen sie das Gleiche wie ihre Eltern zu fressen. Kleine Ziegen probieren zum Beispiel erste Grashalme. Und die jungen Wölfe bekommen von ihren Eltern frische Fleischstücke.

Welche Tierkinder schlüpfen aus dem Ei?

Vogelküken wachsen in Eiern. Die meisten Vögel bauen Nester, in die sie die Eier legen und ausbrüten. Entenküken können gleich nach dem Schlüpfen schwimmen.

Fische legen viele winzig kleine Eier, den Laich. Diese Eier müssen nicht ausgebrütet werden, aber das Männchen bewacht sie noch eine Weile.

Auch die Babys von Krokodilen, Schildkröten und Schlangen schlüpfen aus Eiern.

Können diese Tiere zaubern?

Manche Tiere verwandeln sich im Laufe
ihres Lebens. Ein Schmetterling ist
zum Beispiel noch gar kein Schmetterling,
wenn er aus dem Ei schlüpft – sondern
eine Raupe. Die Raupe frisst und
frisst, bis sie dick und rund ist.
Dann wächst eine dünne Hülle
um sie herum. Und was schlüpft
schließlich aus dieser Hülle?
Genau: ein Schmetterling!

Das Froschweibchen legt viele Eier ins Wasser, den Froschlaich. Daraus schlüpfen kleine **Kaulquappen**. Während sie größer werden, verändern sich die Kaulquappen: Ganz langsam wachsen ihnen vier Beine und der Schwanz verschwindet, …

… bis sie nach ein paar Wochen richtige kleine **Frösche** sind.

Manche Tiere bekommen sehr viele Babys, andere nur ein einziges. Eine **Kuh** bringt pro Jahr ein oder zwei Kälbchen zur Welt.

Dagegen bekommen zum Beispiel **Mäuse** oder **Hasen** mehrmals im Jahr Junge – oft sogar ganz viele auf einmal.

Manche Tierkinder sind winzig klein: Schon eine ausgewachsene **Zwergfledermaus** misst nur so viel wie ein Streichholz. Schau mal, wie klein ihr Junges ist!

... und wie groß sind sie?

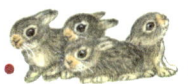

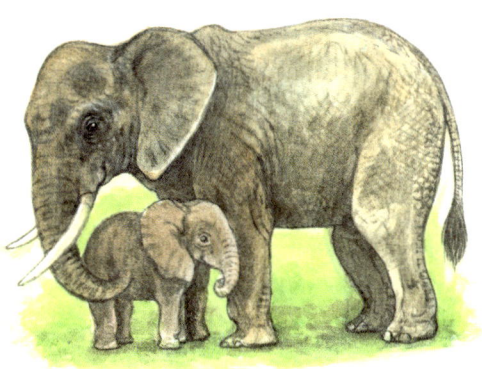

Andere Tierkinder sind schon bei der Geburt riesig: Ein neugeborenes **Elefantenkalb** wiegt mehr als eine Waschmaschine. Und ein **Pottwalkalb** ist sogar so schwer wie ein großes Auto. So große Tierkinder haben natürlich auch großen Hunger und Durst.

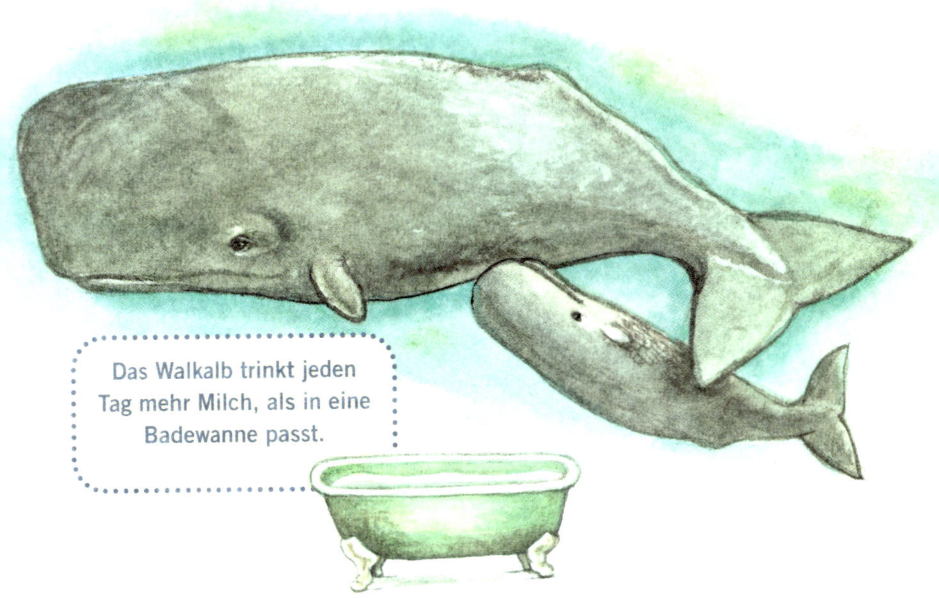

Das Walkalb trinkt jeden Tag mehr Milch, als in eine Badewanne passt.

Wer läuft gleich los?

Einige Tiere sind noch ganz hilflos, wenn sie auf die Welt kommen. Sie brauchen ziemlich lange, bis sie ohne ihre Eltern leben können. Kaninchenjunge haben bei ihrer Geburt noch kein Fell und können nichts sehen. Nur im warmen und kuscheligen Nest sind sie sicher.

Ein neugeborenes Känguru ist kaum größer als ein Gummibärchen. Im Beutel seiner Mutter wächst es geschützt heran.

Andere Tiere können schon
kurz nach der Geburt
laufen: Neugeborene
Fohlen machen
gleich die ersten
wackeligen Schritte.
Für frei lebende Pferde
ist das sehr wichtig,
denn bei Gefahr müssen
schon die Kleinsten fliehen
können.

Auch kleine Hasen haben bei der
Geburt schon Fell. Sie können
gleich sehen und laufen.

Wie lernen Tierkinder?

Vieles können Tierkinder schon von Geburt an. Manches schauen die Kleinen auch einfach bei ihren Eltern und älteren Geschwistern ab.

Vogelkinder wissen eigentlich, wie das Fliegen geht. Trotzdem üben sie vor dem ersten Flug das Flattern – bis sie es wagen, sich einfach fallen zu lassen. Nach ein paar Versuchen klappt das Starten, Landen und Steuern richtig gut.

Seelöwenbabys werden schon als gute
Schwimmer geboren. Sie springen
ihrer Mutter einfach hinterher
und suchen gemeinsam mit ihr
Fische und Krebse.

Wenn **Tigerjunge** Fangen spielen
und sich balgen, üben sie schon
mal – damit sie später gute
Jäger werden.

Wie wohnen Tierkinder?

Damit Tierkinder gut geschützt sind, sorgen ihre Eltern für einen sicheren Unterschlupf.

Spechte hämmern mithilfe ihrer Schnäbel Nisthöhlen in Baumstämme.
Füchse, Mäuse und Dachse leben mit ihren Jungen in einem Bau unter der Erde.

Fuchswelpen verlassen ihren Bau lange Zeit gar nicht. Sie werden hier von der Füchsin gesäugt.

Der Kobel von **Eichhörnchen** ist mit Moos und Ästchen weich gepolstert, damit die Babys es schön kuschelig haben.

Wildschweine bauen für ihre Jungen ein gemütliches Lager aus Blättern und Zweigen.

Wie können sich Tierkinder verstecken?

Die Tiereltern passen natürlich Tag und Nacht auf ihre Kinder auf. Aber schon von Natur aus sind einige Tierbabys ganz schön gut geschützt.

Robbenbabys haben ein weiches, weißes Fell, damit sie im Schnee fast unsichtbar sind.

Rehkitze bleiben in den ersten Wochen versteckt im hohen Gras liegen und bewegen sich kaum. So sind sie fast nicht zu sehen.

Wenn du Tierkindern begegnest, halte dich lieber fern von ihnen. Die Eltern könnten sich erschrecken und ihre Jungen verteidigen – oder sich nicht mehr in die Nähe trauen.